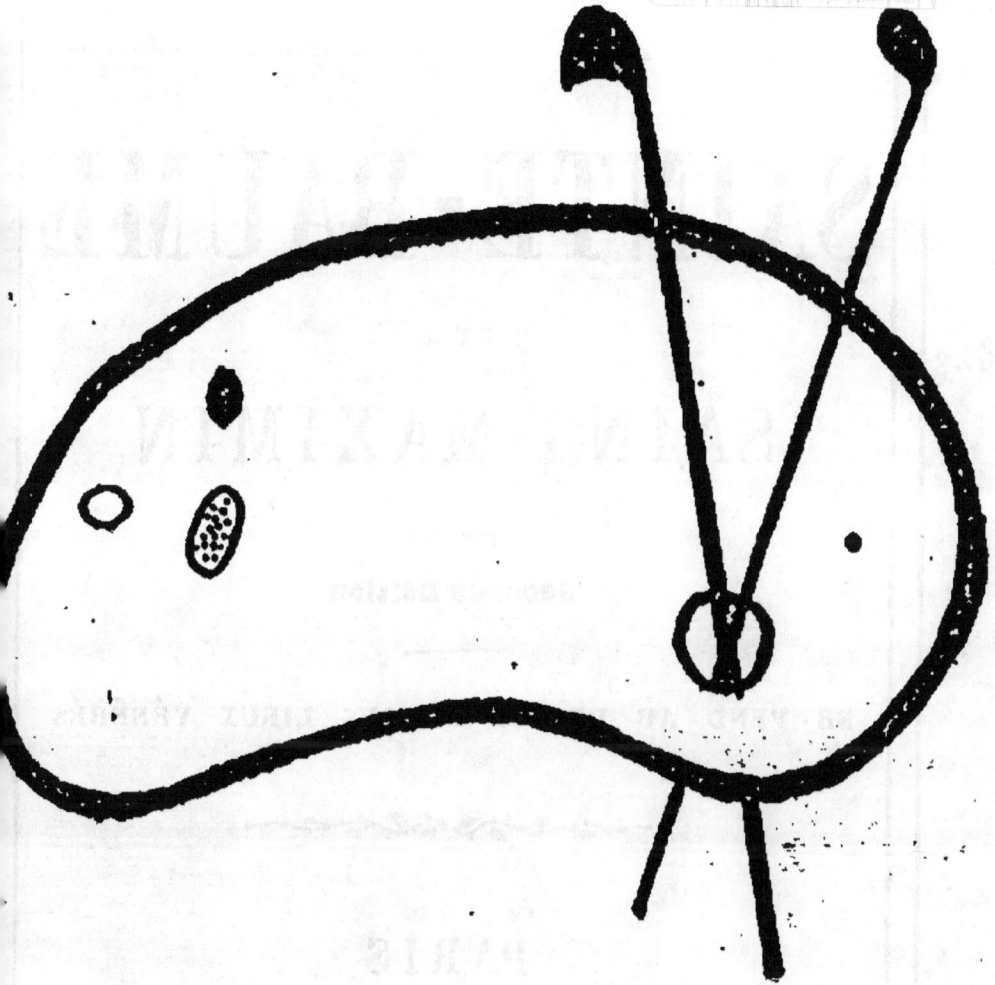

COUVERTURE SUPERIEURE ET INFERIEURE EN COULEUR

VISITE

A LA

SAINTE-BAUME

ET A

SAINT-MAXIMIN

Seconde Édition

SE VEND AU PROFIT DE CES LIEUX VÉNÉRÉS

PARIS

LIBRAIRIE BACHELIN-DEFLORENNE

14, RUE DES PRÊTRES-SAINT-GERMAIN-L'AUXERROIS

M DCCC LXVI

Paris. — Imprimé chez Bonaventure et Ducessois.

VISITE

A LA

SAINTE-BAUME

ET

A SAINT-MAXIMIN

Paris —Imprimé chez BONAVENTURE, DUCESSOIS et Cie
55, quai des Grands-Augustins.

VISITE

A LA

SAINTE-BAUME

ET A

SAINT-MAXIMIN

Seconde Édition

SE VEND AU PROFIT DE CES LIEUX VÉNÉRÉS

PARIS

LIBRAIRIE BACHELIN-DEFLORENNE

14, RUE DES PRÊTRES-SAINT-GERMAIN-L'AUXERROIS

M DCCC LXV

ANTOINE-JOSEPH-HENRI JORDANY, par la
grâce de Dieu et du Saint-Siége Apostolique,
Évêque de Fréjus et Toulon,

Ayant lu avec le plus grand intérêt le livre
intitulé *Visite à la Sainte-Baume et à Saint-
Maximin*, publié par M. le comte d'Audiffret,
Nous le recommandons comme une notice
parfaitement exacte sur ces lieux saints de la
Provence, comme sur les faits qui ont illustré
et sanctifié ces lieux. Nous le jugeons aussi
propre à satisfaire la piété des fidèles que le
goût des littérateurs. Chaque pèlerin de la

Sainte-Baume voudra le prendre pour guide dans ce pieux pèlerinage, et, à son retour, il voudra le garder et le relire comme un doux mémorial d'une heureuse et sainte journée.

Toulon, le 20 juin 1865.

† J. HENRI,
Évêque de Fréjus et Toulon.

DÉDICACE

Ma bien chère Mère,

Depuis que j'étais en Provence, j'entendais sans cesse parler de la Sainte-Baume et de Saint-Maximin. Désireux de visiter aussi ces lieux célèbres par le souvenir de sainte Marie-Magdeleine, je résolus de m'y rendre lorsque mes travaux m'attireraient de ce côté de la Provence.

Le 3 septembre, je quittais Brignoles à deux heures du soir, et, en allant coucher à Saint-Zacharie, je m'arrêtais à Saint-Maximin. Le lendemain, qui était un dimanche, j'assistais à la messe dans la grotte de la Sainte-Baume.

La vive impression que m'a laissée cette courte visite m'a déterminé à mettre par écrit ce que j'avais lu sur sainte Magdeleine, et ce que j'avais vu des lieux illustrés par sa présence. J'en ai donc fait un petit résumé, que l'affection que vous me portez pourra vous rendre intéressant et qui sera peut-être apprécié par les petits enfants de la famille, à cause des récits légendaires qu'il contient.

Je vous embrasse en fils tout affectionné.

Le comte GUSTAVE D'AUDIFFRET.

Toulon, le 14 septembre 1864.

AVANT-PROPOS

« Le tombeau de Marie-Magdeleine à Saint-
« Maximin est le troisième tombeau du monde.
« Il vient immédiatement après le tombeau de
« Notre-Seigneur à Jérusalem et celui de saint
« Pierre à Rome ; car la très-sainte Vierge,
« mère de Dieu, n'a pas eu de sépulcre parmi
« les hommes, et, à peine touchée par la mort,
« elle a été ravie à sa puissance dans le triomphe
« de son assomption. Saint Jean non plus, le
« disciple bien-aimé, n'a point laissé à la véné-
« ration des chrétiens ses os ni sa tombe. Il a
« été, par une permission de Dieu, dérobé à
« cette gloire, afin de demeurer comme ense-

« veli dans son Évangile. Restent donc sur la
« terre trois grands tombeaux : celui du Sau-
« veur, celui de saint Pierre, celui de sainte
« Marie-Magdeleine [1]. »

1. *Sainte Marie-Magdeleine,* par le P. Lacordaire.

I

SAINTE MARIE-MAGDELEINE EN JUDÉE

Sainte Marie-Magdeleine naquit la même
année que N.-S. Jésus-Christ[1]. Descendue de
race royale, elle était fille de Théophile, prince
de Syrie, et d'Eucharie, qui laissèrent en hé-
ritage à leurs enfants des richesses considé-
rables. Comme Marie reçut en partage Mag-

1. *Histoire de la vie et de la mort de sainte Marie-
Magdeleine*, par le P. Reboul.

dalum, le château qui était situé à peu de distance de Génézareth et de Béthanie, on lui donna le surnom de Magdeleine. Sa sœur Marthe eut Béthanie, et son frère Lazare une grande partie de Jérusalem [1].

Tandis que Marthe, qui était sage, gouvernait noblement la partie de son frère et la partie de sa sœur, administrant aux chevaliers, aux serviteurs et aux pauvres leurs nécessités, le Lazare *entendait à la chevalerie ;* et Marie-Magdeleine, à peine âgée de vingt ans, entraînée par sa richesse et sa beauté resplendissante, se laissait aller *à tous les délices du corps.* Vivant dans le luxe et les plaisirs, elle devenait pour tous un objet de scandale, et perdait son propre nom pour n'être bientôt plus désignée que sous celui de pécheresse [2].

Cependant, après avoir passé trente ans dans l'obscurité, Jésus de Nazareth venait de se révéler à la Judée surprise. Il commençait sa vie publique. Il était déjà dans la ville

1. Légende dorée. Jehan Réal, Paris, 1557.
2. *Et ecce mulier quæ erat in civitate peccatrix.* Saint Luc, chap. VII.

de Galilée appelée Naïm, lorsque saint Jean-Baptiste, qui baptisait à Béthanie, apprend qu'un grand prophète vient de paraître au milieu du peuple de Dieu. Il envoie vers lui deux de ses disciples pour lui dire : « Êtes-vous celui qui doit venir, ou devons-nous en attendre un autre? »

Pour convaincre les disciples de Jean qui considéraient la nouvelle réputation de Jésus comme une atteinte portée à celle de leur maître, le Christ affirme et manifeste devant eux sa puissance, d'une manière particulière. Les paralytiques marchent, les aveugles voient, les possédés sont délivrés du démon.

Je suppose que Magdeleine fut en ce moment délivrée des sept démons dont parle saint Luc; car c'est à la suite de ces faits, dans le même chapitre et pour la première fois, qu'il est question d'elle dans l'Évangile.

Quoi qu'il en soit, bientôt touchée par la grâce, honteuse de ses déportements, elle brise et détruit tout ce qui lui rappelle ses désordres. Elle accourt au milieu du festin dans le maison de Simon le pharisien. Là, tout en larmes, honteuse d'elle-même et de ses fautes passées, elle s'approche du lit sur lequel repose Jésus selon la mode du temps [1]; elle se tient en arrière de lui [2], à ses pieds qu'elle baise ; elle les arrose de ses pleurs, les essuie respectueusement avec ses magnifiques cheveux blonds [3], et les embaume avec de l'huile parfumée.

Pendant ce temps, Simon se disait en lui-même: Si cet homme était prophète, comme on le dit, il saurait sans doute que la femme qui le touche scandalise la cité par ses mœurs et il la repousserait. Mais Jésus prenant la parole lui dit: « Simon, j'ai quelque chose à vous « dire. » Simon ayant répondu : « Maître, dites. » Jésus reprit : « Un créancier avait deux dé- « biteurs, le premier lui devait cinq cents de- « niers, et le second cinquante. Mais comme « ils n'avaient pas de quoi les lui rendre, il

1. Commentaires sur la Bible, par Menochius: *Christi in lectulo discubitorio jacentis more illius ævi.*

2. Saint Luc: *Stans retro secus pedes ejus.*

3. Menochius: *Qui majore in pretio haberi merito solent quam linteum.*

« leur remit à tous deux leur dette: Quel est, à
« votre avis, celui qui dut l'aimer davantage? »
Simon répondit : « Je crois que c'est celui
« auquel il a remis le plus. « Jésus ajouta: »
« Vous avez fort bien jugé. »

Et, se tournant vers Magdeleine, il dit à
Simon : « Voyez-vous cette femme? Je suis
« entré dans votre maison; vous ne m'avez
« point donné d'eau pour me laver les pieds;
« elle, au contraire, a arrosé mes pieds de ses
« larmes et les a essuyés avec ses cheveux.
« Vous ne m'avez point donné de baiser;
« mais elle, depuis qu'elle est entrée, n'a pas
« cessé de baiser mes pieds. Vous n'avez pas
« répandu d'huile de parfum sur ma tête[1],
« et elle a répandu ses parfums sur mes
« pieds. C'est pourquoi je vous déclare que
« beaucoup de péchés lui sont remis, parce
« qu'elle a beaucoup aimé; mais celui à qui
« on remet moins aime moins. » Puis il

---

1. Menochius : *Consuetudo enim fuit inter Judæos
et orientales nationes ut in conviviis celebrioribus qui
invitati erant ungerentur : qua de re vide Stuchium.*

dit à Magdeleine : « Vos péchés vous sont
« remis. »

Ceux qui étaient à table avec lui pensaient
en eux-mêmes : Qui donc est celui-ci qui remet les péchés. Alors, Jésus dit à Magdeleine :
« Votre foi vous a sauvée. Allez en paix »

C'est ainsi que Marie-Magdeleine se con-
vertit vers l'âge de trente ans.

Jésus, étant ensuite revenu en Galilée,
allait de ville en ville et de village en village,
prêchant et annonçant la parole de Dieu.

Il était suivi de ses douze apôtres et de
quelques femmes qu'il avait délivrées de ma
lins esprits ou guéries de maladies. C'étaient :
Marie-Magdeleine, Jeanne, femme de Chusa,
intendant d'Hérode, Suzanne et beaucoup
d'autres qui l'assistaient de leurs biens, sui-
vant l'ancienne coutume des Juifs qui voulait que les femmes fournissent la nourriture
et le vêtement à ceux qui les instruisaient.

Quelque temps après sa transfiguration,
Notre-Seigneur quitta le désert de Bethsaïde
afin de se rendre à Jérusalem pour y célébrer
la Pâque. Il entra dans le bourg de Béthanie

et fut loger dans la maison de Marthe[1].

Marthe était fort occupée à préparer tout ce qu'il fallait pour le bien recevoir, tandis que sa sœur Marie-Magdeleine se tenait assise aux pieds de Jésus, écoutant sa parole. Marthe se plaignit de cette inaction, en disant : « Sei-« gneur, ne considérez-vous pas que ma sœur « me laisse servir toute seule. Dites-lui donc « qu'elle m'aide. » Mais Jésus lui répondit : « Marthe, Marthe, vous vous inquiétez et « vous vous embarrassez du soin de beaucoup « de choses ; cependant une seule est néces-« saire, Marie a choisi la meilleure part. Elle « ne lui sera point ôtée. »

Jésus aimait Marthe, Marie et Lazare ; il n'hésita pas à leur en donner une preuve éclatante dans la circonstance suivante : [2]

Les Juifs ayant voulu lapider Jésus parce qu'il disait qu'il était le fils de Dieu, il fut obligé de se retirer au delà du Jourdain. Mais Lazare étant tombé malade à Béthanie, ses

1. Saint Luc, chap. x.
2. Saint Jean, chap. xi.

2

sœurs envoyèrent dire à Jésus : « Seigneur,
« celui que vous aimez est malade. » En ap-
prenant cette nouvelle, Jésus dit : « Cette
« maladie ne lui est pas envoyée pour le
« retirer de ce monde, mais pour servir à la
« glorification du fils de Dieu.» Et, il demeura deux jours là où il était. Puis il partit pour
la Judée, malgré l'opposition de ses disciples.
Il leur dit alors : « Notre ami Lazare dort,
« mais je vais pour le retirer de son sommeil.»
Jésus voulait parler de sa mort, tandis que ses
disciples comprenaient qu'il s'agissait d'un
sommeil ordinaire. Il ajouta donc : « Lazare
« est mort et je me réjouis de n'avoir pas été
« auprès de lui, afin qu'en voyant ce qui va
« se passer, vous croyiez que je suis le Fils
« de Dieu, mais allons à lui. »

L'incrédule Thomas, qui craignait les
mauvais traitements des Juifs pour son maître, dit aux autres disciples : « Allons-y aussi,
afin de mourir avec lui. »

Lorsque Jésus arriva vers Béthanie, Lazare
était déjà dans le tombeau depuis quatre
jours. Et comme Béthanie n'était éloigné de

Jérusalem que d'environ quinze stades, il y avait là une grande quantité de Juifs qui étaient venus voir Marthe et Marie pour les consoler de la mort de leur frère.

Marthe, ayant appris que Jésus venait, alla au-devant de lui, tandis que Marie demeurait dans la maison. En voyant Jésus, Marthe lui dit : « Seigneur, si vous eussiez été ici, mon « frère ne serait pas mort ; mais je sais que « présentement même, Dieu vous accordera « tout ce que vous lui demanderez. » Jésus lui répondit : « Votre frère ressuscitera. » Marthe ajouta : « Je sais bien qu'il ressusci- « tera en la résurrection qui se fera au der- « nier jour. » Jésus lui repartit : « Je suis la « résurrection et la vie. Celui qui croit en « moi, quand même il serait mort, vivra; et « quiconque vit et croit en moi ne mourra « jamais. Croyez-vous cela? » Elle lui ré- pondit : « Oui, Seigneur, je crois que vous « êtes le Christ, le Fils du Dieu vivant qui êtes « venu dans ce monde. »

Ayant dit ces paroles, elle s'en retourna et ayant appelé secrètement Marie, sa sœur, elle lui dit tout bas : « Le maître est venu, et il « vous demande. » Aussitôt celle-ci se leva et vint trouver Jésus, qui n'était pas encore entré dans le bourg, mais qui était resté au même lieu où Marthe l'avait rencontré.

Cependant les Juifs qui étaient avec Marie dans la maison et qui la consolaient, ayant vu qu'elle s'était levée si promptement, et qu'elle était sortie, la suivirent en croyant qu'elle allait au sépulcre pour y pleurer.

Mais Marie étant arrivée au lieu où était Jésus, et l'ayant vu, se jeta à ses pieds, et lui dit : « Seigneur, si vous eussiez été ici, mon frère « ne serait pas mort. » Jésus voyant qu'elle pleurait, et que les Juifs qui étaient venus avec elle pleuraient aussi, frémit en son esprit, et se troubla extérieurement lui-même. Puis il leur dit : « Où l'avez vous mis ? » Ils lui répondirent : « Seigneur, venez et voyez. » Alors Jésus pleura. Les Juifs disaient entre eux : « Voyez comme il l'aimait. » Mais il y en eut aussi quelques-uns qui dirent : « Ne pouvait- « il pas empêcher qu'il ne mourût, lui qui a « ouvert les yeux à un aveugle-né ? »

Jésus, frémissant de nouveau en lui-même, vint au sépulcre qui était une grotte dont on avait fermé l'entrée avec une pierre. Il commanda d'ôter la pierre. Marthe ayant observé que Lazare était dans le tombeau depuis quatre jours et qu'il était déjà décomposé, Jésus lui répondit : « Ne vous ai-je pas dit que si vous « croyez, vous verrez éclater la gloire et la « puissance de Dieu. » On ôta donc la pierre qui fermait l'entrée du lieu où était le mort. Et Jésus, levant les yeux au ciel, dit ces paroles : « Mon père, je vous rends grâces de ce que « vous m'avez exaucé ; pour moi, je sais bien « que vous m'exaucez toujours, mais je dis « ceci pour ce peuple qui m'environne, afin « qu'il croie que c'est vous qui m'avez en- « voyé. « Ayant dit ces paroles, il cria d'une voix forte : « Lazare, sortez du tombeau. » Au même instant, le mort sortit, ayant les pieds et les mains liés avec des bandelettes, et le visage enveloppé d'un linge. Jésus s'adressant à ses disciples leur dit : « Déliez-le « et laissez-le aller. »

Plusieurs des Juifs qui étaient venus voir

Marthe et Marie, et qui avaient vu ce que Jésus avait fait à l'égard de leur frère, crurent en lui.

Ayant appris ce nouveau miracle, les princes des prêtres et les pharisiens en furent irrités et cherchèrent plus que jamais le moyen de faire périr Jésus, qui ne se montra plus en public parmi les Juifs, et se retira près du désert avec ses disciples dans une ville nommée Ephrem.

Cependant, le temps auquel le Sauveur devait se livrer à ses ennemis étant proche, il partit pour Jérusalem[1]; et six jours avant la fête de Pâques, durant laquelle il devait être immolé, il vint à Béthanie.

Il soupa chez Simon le lépreux; Marthe servait, tandis que Lazare était à table avec lui. Marie-Magdeleine s'y trouvait aussi. Elle apporta, dans un vase d'albâtre, une livre d'huile de parfum de vrai nard d'épi, d'un grand prix; elle en répandit une partie sur les pieds de Jésus qu'elle essuya avec ses che-

1. Saint Jean, chap. XII.

veux, puis, ayant rompu le vase [1], elle versa ce qui restait sur sa tête, et la maison fut toute remplie de l'odeur de ce parfum.

Judas Iscariote, fils de Simon, un des disciples [2], qui était témoin de cette action se mit à dire : « Pourquoi perdre ce parfum, on aurait « pu le vendre trois cents deniers qu'on au- « rait distribués aux pauvres. » Il parlait ainsi par avarice, car il ne se souciait pas des pauvres, mais c'était un larron, et comme on lui avait confié la bourse, il avait à sa disposition l'argent qu'on y mettait, et il en volait une partie. Jésus lui dit donc : « Laissez « cette femme, pourquoi la tourmentez- « vous? Ce qu'elle vient de faire pour moi est « une bonne œuvre. Vous aurez toujours des « pauvres avec vous, et quand vous le vou- « drez vous pourrez les soulager, tandis que « vous ne m'avez pas pour toujours. Elle a « fait ce qui était en son pouvoir, elle a em- « baumé mon corps en prévision de ma sé-

1. Saint Marc, chap. XIV.
2. Saint Jean, chap. XII.

« pulture. En vérité, je vous le dis, partout
« où sera prêché cet Évangile, c'est-à-dire
« dans le monde entier, on racontera à sa
« louange ce qu'elle vient de faire pour
« moi. »

Un grand nombre de Juifs ayant appris que
Jésus était à Béthanie y accoururent, non-
seulement à cause de lui, mais aussi pour
voir Lazare qu'il avait ressuscité d'entre les
morts. Pendant ce temps, les princes des
prêtres, qui avaient résolu de faire mourir
Jésus, délibérèrent de faire aussi mourir Lazare, parce que plusieurs Juifs croyaient en
Jésus et se retiraient d'avec eux à cause du
témoignage que la vie même de Lazare ren-
dait à la souveraine puissance du Messie [1].

C'est alors que Judas Iscariote, l'un des
douze, irrité de la réponse si pleine de dou-
ceur et de bonté que Notre-Seigneur lui avait
faite au sujet du parfum répandu par Marie-
Magdeleine, vint trouver les princes des prêtres pour leur offrir de leur livrer Jésus. Il

1. Saint Jean, chap. XII.

espérait ainsi se dédommager, par le prix de sa trahison, de ce qu'il croyait avoir perdu en ne recevant pas le prix du parfum répandu sur le Christ à Béthanie [1].

Cependant, le jour du grand sacrifice était arrivé. La sainte Vierge, saint Jean, Marie-Magdeleine et Marie de Cléophas, sœur de la sainte Vierge, se tenaient au pied de la croix. Le cœur brisé de douleur, Marie-Magdeleine, agenouillée et tout en larmes, embrassait les pieds du Sauveur qu'elle avait suivi au Calvaire, tandis que ses disciples l'avaient abandonné [2]. Présente à toutes les scènes de sa passion, elle avait ressenti avec angoisse chacune de ses souffrances.

Lorsque Notre-Seigneur rendit le dernier soupir, Marie-Magdeleine se tenait un peu éloignée de la croix avec Marie, mère de Jacques et de Joseph, Marie Salomé, la mère des fils de Zébédée, et beaucoup d'autres femmes qui étaient venues à Jérusalem avec Jésus [3].

1. Saint Marc, chap. xiv.
2. Saint Jean, chap. xix.
3. Saint Marc, chap. xv.

Joseph d'Arimathie, qui était un homme considérable [1], fut trouver Pilate le soir de la mort de Jésus et lui demanda son corps. Pilate, ayant appris que Jésus était déjà mort, donna le corps à Joseph. Ce dernier acheta un linceul, descendit Jésus de la croix, l'enveloppa dans le linceul, le mit dans un sépulcre neuf qui était taillé dans le roc, près de là, et roula une pierre à l'entrée du sépulcre.

C'est alors que Marie-Magdeleine, se baissant au pied de la croix, recueillit quelques gouttes de ce sang précieux répandu sur la tête d'Adam [2] pour racheter le monde. Ces gouttes sont aujourd'hui renfermées dans la

1. *Nobilis decurio.*
2. Image touchante et sublime. La tradition chrétienne nous apprend, en effet, que le nom de Calvaire vient de *calvaria*, *crâne*, parce que la tête d'Adam se trouvait ensevelie dans cette montagne, et que l'arbre de la rédemption fut dressé sur la tête du premier coupable. Soutenue par plusieurs pères de l'Eglise, cette opinion est combattue par saint Jérôme. Sur un grand nombre de crucifix, on voit le chef d'Adam figuré sous les pieds du Christ.

fiole qu'on appelle la sainte ampoule[1]. Marie-Magdeleine et Marie, mère de Joseph, regardèrent ensuite où le corps était déposé, afin de pouvoir revenir plus tard pour l'embaumer[2]. Lorsqu'on se retira, Marie-Magdeleine et l'autre Marie demeurèrent longtemps assises auprès du sépulcre.

Le jour du sabbat étant passé, Marie-Magdeleine et Marie, mère de Jacques et de Salomé, qui s'étaient munies de parfums pour embaumer Jésus, partirent de grand matin pour arriver au sépulcre au lever du soleil[3].

Des gardes avaient été mis au tombeau pour empêcher qu'on n'enlevât le corps de Jésus. Ces gardes sentirent le matin un grand tremblement de terre, et virent un ange du Seigneur descendre du ciel, venir renverser la pierre qui fermait l'entrée du sépulcre et s'asseoir dessus. Saisis de frayeur, ils s'éloignèrent et vinrent à la ville rapporter aux

1. Le père Reboul, p. 22.
2. Saint Marc, chap. xv.
3. Saint Marc, chap. xvi.

princes des prêtres ce qui s'était passé[1].

Pendant ce temps, les deux Marie se rendaient au tombeau et se disaient entre elles : Qui nous ôtera la pierre qui ferme l'entrée du sépulcre ? car elle était grande ; mais en regardant elles virent qu'elle était renversée[2].

Marie-Magdeleine se mit aussitôt à courir et vint trouver Simon-Pierre et Jean. Elle leur dit[3] : « Ils ont enlevé le Seigneur du sépulcre et nous ne savons où ils l'ont mis. » Pierre et Jean sortirent aussitôt pour aller au tombeau. Ils couraient tous deux ensemble, mais Jean devança Pierre et arriva le premier au sépulcre. S'étant baissé, il vit le linceul qui était à terre, mais il n'entra pas. Simon-Pierre qui le suivait arriva après lui, entra dans le sépulcre et vit le linceul. Il vit aussi le suaire que l'on avait mis sur la tête du Christ et qui n'était pas avec le linceul, mais plié et séparément. Alors, Jean entra aussi

1. Saint Matthieu, chap. xxvii.
2. Saint Marc, chap. xvi.
3. Saint Jean, chap. xx.

dans le sépulcre, il vit que Jésus n'y était plus, et il crut qu'on l'avait enlevé, comme Magdeleine le leur avait dit, car ils ne savaient pas encore que l'écriture enseigne du Christ, qu'il devait ressusciter d'entre les morts.

Les disciples retournèrent ensuite chez eux, mais Marie-Magdeleine resta et se tint en dehors près du sépulcre, versant des larmes. L'autre Marie était demeurée avec elle.

Enfin, s'étant décidées toutes deux à entrer dans le sépulcre, elles y virent un jeune homme revêtu d'une robe blanche qui était assis du côté droit [1]. Elles furent épouvantées. Il leur dit cependant : « Ne vous effrayez pas.
« Vous cherchez Jésus de Nazareth qui a été
« crucifié. Il est ressuscité. Il n'est point ici.
« Voici le lieu où on l'avait mis. Mais allez
« dire à ses disciples et à Pierre qu'il vous
« précède en Galilée. C'est là que vous le ver-
« rez selon qu'il vous a dit. »

Elles sortirent aussitôt du tombeau en cou-

---

1. Saint Marc, chap. XVI.

rant toutes tremblantes de peur et inconsolables de ne plus retrouver le corps du Sauveur. Quelques instants après, Marie-Magdeleine s'étant retournée [1] vit Jésus debout à côté d'elle. Il lui dit : « Femme pourquoi pleurez-vous ? Qui cherchez-vous ? » Mais elle le prit pour le jardinier du lieu où était le sépulcre, et lui dit : « Si c'est vous qui l'avez enlevé, dites-moi où vous l'avez mis et je l'emporterai. » Jésus lui dit : « Marie. » Aussitôt elle reconnut sa voix et s'écria : « Maître, » en se jetant à ses pieds pour les embrasser. Mais Jésus, repoussant légèrement son front avec les doigts, lui dit : « Ne me touchez point, cet « empressement est inutile, car je ne suis pas « encore monté à mon père ; ainsi vous aurez « tout le temps de me donner des marques « de votre amour. Mais allez promptement « trouver mes frères, dites-leur ceci de ma « part : Je monte vers mon Père et votre « Père, vers mon Dieu et votre Dieu. » Marie-Magdeleine alla aussitôt porter cette

1. Saint Jean, chap. xx.

nouvelle aux disciples qui étaient dans l'affliction et dans les larmes. Mais ils ne la crurent pas lorsqu'elle leur dit que Jésus était vivant et qu'elle l'avait vu [1].

Jésus parut encore sous une autre forme à deux disciples qui s'en allaient à une maison des champs, et qui le reconnurent à la fraction du pain [2]. Ceux-ci vinrent le dire aux autres disciples, mais ils ne les crurent pas non plus.

Enfin il apparut aux onze apôtres lorsqu'ils étaient à table. Il leur reprocha leur incrédulité et la dureté de leur cœur, parce qu'ils n'avaient pas cru ceux qui l'avaient vu ressuscité [3].

1. Saint Marc, chap. xvi.

2. Au bourg d'Emmaüs. Saint Luc. Chap. xxiv, § 11, alinéa 13.

3. Après avoir terminé cet exposé de la vie de sainte Magdeleine, tiré des Evangiles, et seulement augmenté de quelques détails empruntés au père Reboul et à la légende dorée, je viens de lire, pour la première fois, la *Vie de sainte Magdeleine*, écrite par le père Ribadeneira, dans *la Fleur des Saints*. Le récit du père Ribadeneira est semblable au mien,

Sainte Marie-Magdeleine était du nombre de ces saintes femmes qui furent les témoins de l'ascension de Notre-Seigneur Jésus-Christ dans le ciel, et qui se retirèrent dans le cénacle pour se préparer à la réception du Saint-Esprit.

Après l'ascension de Notre-Seigneur, Lazare, Marthe et Marie vendirent tous leurs biens et en mirent l'argent aux pieds des apôtres [1].

Le sincère repentir de Marie-Magdeleine avait profondément touché Jésus, aussi fut-il toujours prodigue envers elle des marques de son affection. Nous voyons qu'il la défend dans trois circonstances mémorables : lorsque Simon le pharisien disait en lui-même qu'elle

ce qui m'est une preuve nouvelle qu'il n'y a qu'une manière d'écrire la vie de cette bienheureuse pénitente, et que les auteurs qui ont fait des suppositions sur l'existence de plusieurs Magdeleine n'avaient pas, ou suffisamment ou sincèrement étudié les Evangiles, et avaient confondu les différentes époques de la vie de Notre-Seigneur.

1. Légende dorée. Jehan Réal, P., 1557.

était souillée ; lorsque sa sœur Marthe disait qu'elle était désœuvrée ; et enfin lorsque Judas Iscariote disait qu'elle était prodigue, parce qu'elle avait inutilement employé son huile de parfum.

Jésus avait encore frémi et s'était troublé extérieurement en la voyant pleurer son frère Lazare. C'est à elle aussi qu'il apparut pour la première fois après sa résurrection.

Voilà les preuves d'intérêt données par Jésus-Christ à une pécheresse qui se repent et se consacre désormais entièrement à son service. L'Évangile les fait connaître au monde entier. Quels puissants motifs d'espérance et de consolation ! Si nous ne sommes pas capables d'un dévouement aussi absolu que celui de Magdeleine, ne devons-nous pas croire cependant que nos faibles efforts mériteront aussi leur récompense. Ne nous laissons donc pas abattre dans les épreuves, puisque le Christ est là pour nous défendre comme il a défendu Magdeleine.

II

Après la mort du Sauveur, Marie-Magdeleine se tint toujours dans la compagnie de la sainte Vierge. Elle la suivit à Ephèse sous la conduite de l'apôtre saint Jean. Elle y resta environ treize ans, puis revint avec elle à Jérusalem, et ne la quitta qu'au moment de son trépas. Elle se livrait pendant ce temps à tous les exercices de la piété et de la vertu [1].

Cependant les princes des prêtres juifs, voyant les progrès que faisait la doctrine de

1. Le père Reboul, p. 13 et 16.

Jésus de Nazareth dans la nation juive, con-
çurent une grande haine contre ceux qui la
prêchaient et particulièrement contre Marie-
Magdeleine, qui, par sa conversion et l'autorité qu'elle s'était acquise dans la ville de
Jérusalem et dans toute la Judée, faisait de
nombreuses conversions. Ils résolurent de
se défaire d'elle et de tous ses parents; mais
comme ils craignaient quelque tumulte s'ils
leur faisaient subir une mort violente, ils les
livrèrent à la merci de la mer et des vents,
« dans un méchant et triste vaisseau tout viel
et tout cassé [1], sans mât, sans tymon et sans
rames; » espérant les exposer ainsi sans éclat
à une mort certaine.

Plusieurs des disciples de Notre-Seigneur
se trouvaient parmi les chrétiens ainsi aban-
donnés. Ils vinrent aborder sur les côtes de
la Provence, au territoire de Marseille, vers
un endroit placé à l'une des embouchures du
Rhône, et qui s'appelle encore aujourd'hui

1. *L'Histoire et chronique de Provence*, de César
de Nostradamus, p. 27, et *Histoire de Provence*, de
Gaufridi, p. 83.

les Saintes-Marie ou Notre-Dame-de-la-Mer.

Ce furent les premiers apôtres de la France.

A peine débarqués, ils se divisèrent, afin de répandre de tous côtés la semence de l'Évangile.

Sainte Marthe se rendit avec saint Ruffus dans les environs d'Avignon; saint Lazare, le frère de Magdeleine, vint à Marseille; saint Maximin et saint Cidoine, l'aveugle-né, allèrent à Aix; saint Cleones, à Toulon [1]; saint Trophime, à Arles; saint Saturnin, à Toulouse [2]; saint Martial, à Limoges; saint Eutrope à Orange [3]; saint Zachée et la sainte femme Bérénice, surnommée Véronique, à la pointe de Grave, où le cardinal archevêque de Bordeaux vient de rendre au culte la cé-

1. Nostradamus, p. 49.
2. L'abbé Faillon nous apprend que saint Pierre avait envoyé dans les Gaules saint Trophime, saint Paul de Narbonne, saint Saturnin de Toulouse, saint Martial de Limoges, saint Austremoine d'Auvergne, saint Gatien de Tours, saint Valère ou saint Euchaire de Trèves, saint Eutrope d'Orange, saint Georges de Velay et saint Front de Périgueux.
3. Le père Reboul, p. 15.

lèbre basilique de Notre-Dame-de-la-fin-des-terres en l'arrachant aux sables de la mer, au milieu desquels elle était restée ensevelie pendant plusieurs siècles [1]. On voyait encore, dans cette sainte troupe, Marie Salomé et Marie Jacobé, avec leur servante Sara, et Marcelle, la servante de Marthe et de Marie,

Quant à sainte Marie-Magdeleine, Marseille fut le lieu de ses prédications [2], elle y de-

1. Le cardinal Donnet, lettre du 3 novembre 1864.

2. Légende dorée. Jehan Réal, P. 1557, feuillets 107 et suivants.

« . . . . Par la volunte de Dieu
« ils vindrent a Marceille, et la ne peurent trou-
« ver qui les voulsist recevoir an son hostel. Si
« demourerent soubz un porche qui estoit devant
« un temple de la gent de celle terre: » le temple
de Diane devenu depuis la Major; « et quand la
« devote Marie Magdeleine veit la gent assemblee
« en ce temple pour sacrifier aux ydoles; elle se
« leva paisiblement a face joyeuse, a langue de-
« serte et bien parlant, et commença à prescher
« Jesus Christ et a les retraire du cultivement des
« ydoles. Et lors furent tous esmerveillez de la
« beaulte, de la raison et du beau parler dicelle:
« et ne estoit pas merveille que la bouche qui si
« debonnairement avoit baise les piedz de Nostre

meura sept ou huit ans. C'est là qu'elle con-
vertit le prince et la princesse de Provence.

« Seigneur, espiroit de la parolle de Dieu plus que
« nulle autre. Et apres ce advint que le prince de
« Provence sacrifioit aux ydoles, luy et sa femme,
« pour avoir lignee ; et Marie Magdeleine luy pres-
« cha Jesus Christ et luy desloua les sacrifices. Et
« apres un peu de temps, Marie Magdeleine sap-
« parut a celle dame en vision, disant : Pourquoy
« quand tu as tant de richesses, laisses tu les pou-
« res de Nostre Seigneur mourir de fain et de froit.
« Et celle doubta de monstrer celle vision a son
« seigneur. Et la seconde nuict sapparut a icelle,
« et luy dit en adioustant menasses : se elle ne ad-
« monnestoit a son mary quil reconfortast la mo-
« saise des poures : mais encores, ne le voulut elle
« dire a son mary. Si sapparut la tierce fois par
« obscure nuict a elle et a son mary, fronsant et yree
« a visage de feu, et dit : Dors tu tyrant et membre
« de ton pere le dyable avec ta femme la serpente
« qui ne ta voulu dire mes parolles. Reposes tu en-
« nemy de la croix qui as la gloutonnie de ton
« ventre pleine de diverses viandes, et si laisses
« perir les sainctz de Dieu de fain, te gis tu en
« ton palais, enveloppe de draps de soye, et tu les
« veoys sans hostel des confortez et passes outre. Tu
« neschapperas pas ainsi felon, et tu ne ten partiras
« pas sans pugnir de ce que tu as tant attendu. Et

Elle leur fit même avoir un fils par ses prières
Elle parcourait les environs, annonçant à

« ainsi parla et sen partit, Et lors, la dame sesveilla
« qui souspiroit et le mary souspiroit aussi pour
« celle mesme cause et trembloit. Et elle luy dit:
« sire, as tu veu le songe que iay veu. Ouy, dit il,
« et men suis esmerveille et ay paour. Quen ferons-
« nous? Et la femme dit: Cest plus proffitable
« chose de luy obeyr que encourir lyre de Dieu
« quelle presche. Pour laquelle chose ils les re-
« ceurent en leur hostel, et leur administrerent à
« leurs necessitez. Si comme la benoiste Magde-
« leine preschoit un iour, ledit prince luy dit:
« Cuydes tu que tu puisses deffendre la loy que
« tu presches.. Et elle respondit: Certes ie suis
« preste de la deffendre comme celle que est con-
« fermée chascun iour par miracles et par la pré-
« dication de nostre maistre sainct Pierre, qui se
« siet au siege de Romme. A laquelle le prince dit:
« Moy et ma femme sommes prestz de obeyr à toy
« en toutes choses se tu nous impetres avoir un
« filz de par ton Dieu que tu presches. Et lors, dit
« la Magdeleine, pource ne demourez pas. Et lors,
« la benoiste Marie Magdeleine pria Nostre Sei-
« gneur pour eulx, qu'il leur daignast donner un
« filz. Et Nostre Seigneur ouyt ses prieres, et celle
« dame conceut. . . . .
« . . . . »

tous la gloire du Sauveur. On montre encore
à Six-Fours, près de Toulon, le chemin par
lequel elle venait de Marseille. Il s'appelle
lou camin roumiou de Santo-Magdaléno.

Cependant, avide de se consacrer à la contemplation, Magdeleine demandait à Dieu de
lui indiquer un lieu retiré où elle ne fût pas
interrompue dans ses méditations [1]. Sa prière
fut exaucée. Elle fut enlevée sur les ailes des
anges, qui la transportèrent dans la sainte
caverne alors habitée par un dragon furieux
aux horribles formes et aux fétides odeurs,
qui s'apprêtait à la dévorer. Magdeleine, à
l'aspect de cet épouvantable dragon, invoque
le secours divin par un élan sublime de son
cœur, et l'archange saint Michel accourt aussitôt pour la délivrer. Ce vaillant protecteur
de la sainte combat le monstre et le chasse
vers les rives du Rhône, sur l'emplacement
de Tarascon, où bientôt sainte Marthe devait
le terrasser et en délivrer le pays. Le 29 juillet
de chaque année, on célèbre encore à Taras-

1. Notice sur la Sainte-Baume, Rostan, p. 18.

con cette heureuse délivrance, et pour la re-
mémorer on promène dans les rues une ma-
chine qui représente un dragon et qu'on
appelle la *tarasque.* On pense que ce dragon
est l'image allégorique du paganisme et de
l'idolâtrie dont ces saintes délivrèrent la con-
trée par leur apostolat.

Après le départ de son céleste défenseur,
Magdeleine demeura tout effrayée et pourtant
satisfaite de se voir en un lieu inaccessible
aux pas des hommes[1]; alors, fondant en larmes, elle se jette à terre, adore Jésus-Christ,
et lui dit : « Je vous remercie, mon Sauveur,
« d'avoir accompli mes désirs ; mais je vous
« adresse encore une prière : c'est de faire
« couler pour moi une fontaine de cet aride
« rocher. » Aussitôt les flancs de la caverne
s'ouvrent et une eau limpide en découle. Pendant que, prosternée, elle rend grâces à Dieu
de cet insigne bienfait, elle entend autour
d'elle une foule d'esprits qui chantent en hé-
breu les cantiques de l'amour divin, et comme,

[1] *Sainte-Baume,* Rostan, p. 20, 21, 22, 23.

en terminant leur chœur, ils se rient de ses
oraisons, elle reconnaît bien vite que ce sont
des démons; elle invoque immédiatement
le nom de Jésus, et l'archange saint Michel
accourt de nouveau avec ses légions pour
disperser cette horrible phalange. L'ayant
bientôt mise en fuite, l'archange place une
croix à l'entrée de la grotte et dit à Magdeleine: « Ne craignez plus désormais, parce que
« le Seigneur sera votre gardien [1] » Il dispa-
raît en même temps, tandis qu'elle tombe
à genoux devant la croix ; mais, trop émue en
ce moment pour appliquer son esprit à l'orai-
son, elle va cueillir deux racines à l'entrée de
la grotte; après les avoir lavées, elle les
mange et boit ensuite de l'eau de la fontaine.

C'était le dernier aliment terrestre auquel
elle devait goûter, car chaque jour, rassasiée
d'une nourriture délicieuse qui lui venait
par le ministère des anges, elle n'avait besoin
d'aucun aliment terrestre.

1. Légende dorée, citée par Roslan, *Sainte-Baume*,
p. 16, 17, 18.

Alors elle embrasse de nouveau la croix et la tient serrée contre son cœur; elle lui apparaît transparente comme du cristal, tout éclatante de lumière. Elle est elle-même embrasée de l'amour divin. Elle voit descendre une troupe d'anges si nombreuse et si joyeuse que les délices de la vie éternelle lui semblent remplir la grotte.

Elle est alors transportée dans l'enfer où elle voit les tourments des damnés, ensuite dans le purgatoire où les pauvres âmes qui sont en ce lieu l'entourent avec tant d'affection qu'elle en est attendrie. Toutes se recommandent à ses prières. Elle prie pour elles, afin que Dieu mette un terme à leurs souffrances.

Mais l'ange qui la conduit, l'ayant de nouveau ramenée au pied de la croix, lui dit: » « Magdeleine, vous demeurerez dans cette « grotte autant de temps que le Christ Notre- « Seigneur a passé sur la terre »

C'est là, en effet, qu'elle vécut dans la contemplation la plus profonde; constamment les anges venaient l'y visiter, et sept fois par

jour ils la transportaient dans les airs, pour
entendre les harmonies du ciel [1].

Quatre anges descendaient alors à l'endroit
où se tenait la bienheureuse Magdeleine; ils
l'enlevaient dans les airs; puis, au bout
d'une heure, ils la rapportaient en chantant
les louanges de Dieu [2].

Elle n'avait pas à redouter les atteintes du
froid, parce que son cœur brûlait d'un amour
ardent. Quand ses vêtements s'en allèrent en
lambeaux, Dieu lui donna une chevelure qui
peu à peu la recouvrit tout entière comme
un manteau d'or. Et c'est ainsi que la piété
des peuples s'est plu à la représenter.

Elle passait les jours et les nuits à contempler avec ravissement les mystères que l'ange
avait gravés sur la croix; c'étaient les histoi-

---

1. *Vita sanctæ Mariæ Magdalenæ*, manuscrit 5281
de la Bibliothèque impériale à Paris, cité par Faillon, t. II, p. 444 : *Mente tamen paradisi amœnitatem
deambulabat.*

2. C'est le motif que représente l'admirable sculp-
ture qui orne le maître-autel de l'église de la Magdeleine à Paris.

res de sainte Anne et de saint Joachim, les touchants épisodes de la nativité du Sauveur, ceux de sa passion, de sa mort, de sa descente aux enfers, de sa glorieuse résurrection et de son triomphe céleste. Sans cesse elle se nourrissait de cette divine contemplation et versait des torrents de larmes.

Un jour qu'elle allait laver à la fontaine son visage tout inondé de pleurs, Jésus vint à elle et lui dit: « C'est pour toi, Marie, que « j'ai formé ces lieux. » Il lui apparut alors entouré d'une multitude d'anges portant dans leurs mains des couronnes de fleurs, des palmes et des rameaux d'olivier. Comme sur le Thabor, la sainte humanité de Notre-Seigneur resplendit à ses regards et la contraignit à baisser les yeux. En vain un sentiment intérieur la portait à contempler la face divine du Christ, les rayons qui s'en échappaient l'empêchaient toujours d'en soutenir l'éclat.

Après avoir ainsi rempli Magdeleine de consolations et comblé son âme de grâces, Jésus retourna au ciel.

Pendant le temps qu'elle passa dans cette

grotte, Notre-Seigneur voulut bien la visiter ainsi cent dix fois.

Trente ans elle vécut ignorée dans cette solitude. L'accès de ce lieu sanctifié était interdit aux hommes; quand ils s'en approchaient, leurs jambes commençaient à trembler et le cœur leur manquait d'effroi. Quand ils voulaient se retirer, ils retrouvaient leurs forces, et quand ils faisaient quelque mouvement en avant, ils ne pouvaient se soutenir[1].

Vint cependant l'heure où sainte Magdeleine devait passer de son extase terrestre et interrompue à l'extase immobile de l'éternité. Elle le sut, et pour la dernière fois, avant de mourir, elle voulut recevoir, sous la forme du pain eucharistique, le corps et le sang de son Sauveur[2].

Elle fut alors portée par les anges au bord de la voie Aurélienne, au point où cette voie

1. Légende dorée.
2. *Sainte Marie-Magdeleine*, par le P. Lacordaire. p. 173.

coupait la route qui mène encore de la Sainte-Baume à Saint-Maximin [1].

Le saint évêque Maximin attendait l'amie de son maître. Il la reçut dans son modeste oratoire, et lui donna la communion du corps et du sang de Jésus-Christ; alors, prise du sommeil de mort, elle s'endormit en paix.

Son corps fut déposé dans un tombeau d'albâtre.

[1]. Quand bien même on n'entendrait cette légende que dans un sens mystique, elle n'en mériterait pas moins d'être reproduite, à cause du charme qu'elle emprunte au sentiment de foi naïve qui l'a inspirée.

III

INVENTION DE SES RELIQUES

La troupe bienheureuse qui était venue de Judée avec sainte Magdeleine emportait de précieuses reliques[1], le corps de sainte Anne, la tête de saint Jacques le Mineur et quelques ossements des saints Innocents. Après la mort de ces saints, leurs reliques et celles qu'ils avaient apportées furent conservées avec beaucoup de piété dans l'endroit appelé Villelate.

Villelate ou *Villa Lata*, et peut-être Tegulata

1. *Histoire et Chronique de Provence*, Nostradamus, p. 173.

4

(ville placée sur la voie Aurélienne), prit plus tard le nom de Saint-Maximin, à raison de ce saint qui y fut enseveli [1].

Au commencement du huitième siècle les Sarrazins firent irruption dans le midi de la France et notamment en Provence.

En 718, ils passèrent les Pyrénées sous le commandement d'Abdérame, neuvième gouverneur de l'Espagne pour les califes Ommiades de Damas. Ils s'établirent dans le Languedoc et s'étendirent de la Garonne au Rhin. Eudes, duc d'Aquitaine, qui aspirait à la souveraineté de la France et prenait le titre de roi des Francs, avait d'abord traité avec eux; puis, menacé par ces infidèles qui s'étaient emparés de Narbonne, de Toulouse et de Bordeaux, il appela Charles Martel à son secours.

Secondé par ce vaillant général, il défit entre Tours et Poitiers Abdérame, qui perdit la vie et trois cent mille hommes dans le combat.

1. *La Chorographie ou Description de Provence*, Bouche, 1er vol., p. 213.

Malgré cette éclatante victoire, le midi de la France n'était pas complétement délivré des musulmans qui le ravagèrent encore pendant de longues années; et, plus tard, en 888, les Sarrasins s'emparèrent par surprise, près du golfe de Grimaud, du fort de Fraxinet[1]. Ils y demeurèrent jusqu'en 980, portant aux environs la dévastation, la mort et le déshonneur.

Sous le règne de cet Eudes, Odon ou Othon, roi des Francs et duc d'Aquitaine, dont la domination s'étendait jusqu'en Provence, et dans la crainte de ces barbares qui, dans leur rage sacrilége, abattaient jusqu'aux murs des églises, les fidèles cachèrent les précieuses reliques de Magdeleine dans des lieux souterrains. Elles y restèrent jusqu'en 1279.

A cette époque, Charles, prince de Salerne, qui était fils aîné du comte de Provence, roi de Naples et de Sicile, et qui fut ensuite roi lui-même, sous le nom de Charles II d'Anjou, vint en Provence, se rendit à Saint-Maximin

1. Gaufridi, p. 63.

et entreprit de chercher le corps de sainte Marie-Magdeleine[1], que la commune tradition disait avoir été caché dans une chapelle souterraine. Sainte Magdeleine fit connaître au prince l'endroit même où reposaient ses reliques. Elle lui déclara que c'était dans un champ voisin de l'église de Villelate, là même où on verrait une plante de fenouil, toute verdoyante malgré l'hiver [2].

On se mit à l'œuvre, le 9 décembre 1279, et bientôt on découvrit l'antique sarcophage qui renfermait le corps vénéré. Le prince arrêta aussitôt les travaux, scella de ses armes le sépulcre et convoqua une réunion de prélats provençaux, pour assister à l'exhumation des saints ossements, qui eut lieu le 18 décembre 1279.

En ouvrant le tombeau, on découvrit une boîte de liége qui contenait l'inscription suivante: « Le 6 décembre de l'an 710 de la « nativité de Notre-Seigneur, sous le règne

1. *Chorographie*, Bouche, 2ᵉ vol., p. 297.
2. *Saint-Maximin*, Rostan, 19.

« du très-pieux Odon, roi des Francs, au
« temps de l'invasion des Sarrazins, pendant
« la nuit et avec le plus grand secret, le corps
« de la très-chère, très-vénérée et bienheu-
« reuse Marie-Magdeleine fut, dans la crainte
« de ladite perfide nation et à cause du secret
« de ce lieu, transporté de son sépulcre d'al-
« bâtre dans celui-ci de marbre dont le corps
« de Cidoine a été enlevé. »

Au moment de l'ouverture du sarcophage
le corps de la sainte répandit une odeur bal-
samique, comme en souvenir des parfums
qu'elle avait répandus sur Notre-Seigneur;
et l'on raconte que l'on trouva une plante de
fenouil toute verdoyante, qui était adhé-
rente à la langue demeurée encore sans cor-
ruption de la sainte pénitente [1].

Ces saintes reliques furent déposées dans
une riche châsse d'argent, enrichie de pierres
précieuses et confiée aux religieux dominicains. Le prince leur fit occuper une église
que les moines bénédictins de Saint-Victor

1. Gaufridi, p. 173.

avaient auparavant. Il leur fit même bâtir un beau couvent qui pouvait contenir environ soixante et dix religieux [1]. C'est encore à peu près le nombre de ceux qui l'habitent aujourd'hui et qui font toute l'année le service religieux à la Sainte-Baume, grâce aux soins pieux de Mgr Jordany, l'évêque actuel de Fréjus.

Charles Ier, roi de Sicile, de Jérusalem et comte de Provence, apprit à Naples la grâce que Dieu avait faite à son fils, en lui révélant l'endroit où les sacrés ossements de la plus illustre des pénitentes avaient été cachés pendant l'espace de cinq cents ans. Il envoya sa propre couronne à son fils, en lui ordonnant de la mettre sur la tête de la sainte, qu'il prit pour protectrice de ses États [2].

1. *Chorographie*, Bouche, 2e vol., p. 297, 213.
2. Le P. Vincent Reboul, p. 60, *Histoire de la vie et de la mort de sainte Marie-Magdeleine.*

IV

ÉGLISE DE SAINT-MAXIMIN

La construction de l'église actuelle et du couvent fut commencée à la fin du XIIIe siècle par l'ancien prince de Salerne, Charles II, qui y consacra le produit de plusieurs fondations[1]. Elle fut embellie au XVe siècle par les dons du bon roi René.

[1]. Cette opinion est aujourd'hui regardée comme incontestable par les savants. Ils repoussent comme erroné ce que dit à ce sujet Nostradamus, p. 45, lettre E, relativement à Gérard III, comte de Roussillon. (Voir M. L. Rostan, *Notice sur l'église de Saint-Maximin*, p. 23 et suivantes.)

Cette basilique gothique n'a point d'orne-
mentations extérieures , et celui qui la visite
est loin de s'attendre au spectacle imposant
qui se présente à ses yeux, dès qu'il a dépassé
la porte.

Cette église, incomparable en Provence, fait
l'admiration des archéologues et des artistes.
Elle est composée de trois nefs qui ne sont
pas divisées, selon l'usage, par un transept.

L'élévation des voûtes, la hardiesse des
piliers, l'heureuse harmonie des proportions
intérieures de cet édifice peu chargé de détails, excitent également l'attention. L'absence
des vitraux est regrettable et nuit évidemment
à l'effet général du monument.

On remarque la chaire, les quatre-vingt-
quatorze stalles, les portes et les boiseries
du chœur qui sont sculptées d'une manière
remarquable par la main des religieux dominicains. Malheureusement, ces ornemen-
tations, faites dans le goût du siècle de
Louis XIV, contrastent étrangement avec l'ensemble de l'édifice qui est d'un autre style.

On peut dire la même chose de deux riches

mosaïques placées dans l'abside et dans lesquelles sont encadrés deux forts beaux bas-reliefs, dont le premier, en marbre, représente sainte Magdeleine en extase, enlevée par les anges. Il est attribué au Puget. Le second, qui est en terre cuite, représente Magdeleine recevant la communion des mains de saint Maximin, quelques instants avant de rendre le dernier soupir. Cette œuvre, qui est moins belle que la précédente, est cependant d'un artiste de mérite nommé Veyrier.

Quant à la gloire et à l'orgue, quoiqu'ils aient eu leurs admirateurs, nous trouvons qu'ils ne sont pas en rapport avec l'édifice et qu'ils ne méritent pas par eux-mêmes d'attirer l'attention d'un homme de goût.

Au-dessus du maître-autel se trouve placé un vase en porphyre [1], qui contint jadis les précieuses reliques de sainte Marie-Magdeleine.

Enfin, dans la nef latérale de gauche, on

1. Œuvre de Sylvius Calco, sculpteur romain qui retrouva l'art oublié de travailler et de polir cette roche.

voit un autel peint sur bois, de la fin du
xv⁰ siècle et un rétable du xvi⁰, qui sont es-
timés des connaisseurs.

Cependant cette église est pauvre. Elle aurait besoin de restaurations intelligentes.
L'humidité pénètre déjà ses voûtes et le dom-
mage devient chaque jour plus difficile à
réparer.

V

CRYPTE ET PRÉCIEUSES RELIQUES DE CETTE ÉGLISE

Mais la partie de cette remarquable basilique qui est la plus chère à la vénération des fidèles est une crypte qui contient les précieuses reliques de sainte Marie-Magdeleine et le sang de Notre Seigneur Jésus-Christ.

Voici ce que Jacques Lopez Stunica disait, en 1520, des reliques de sainte Marie-Magdeleine [1].

« En entrant dans l'église, on trouve à « main gauche une chapelle dans l'intérieur

1. *Chorographie*, Bouche, 1ᵉʳ vol., 213.

« de laquelle est un caveau solidement fer-
« mé, dans lequel on descend par des degrés.
« C'est là que se trouve la tête de la bienheu-
« reuse Marie-Magdeleine, dans une armoire
« de fer garnie de serrures de fer. Nous ob-
« servons sa face avec le plus grand soin, et,
« quoiqu'elle soit presque consumée par sa
« grande vétusté, nous y trouvons encore la
« physionomie [1] de cette femme vénérable.
« Son front conserve encore de la peau adhé-
« rente à de la chair. On rapporte que c'est
« dans cet endroit que Notre Seigneur la tou-
« cha lorsqu'il lui dit le jour même de sa
« résurrection : Ne me touchez pas, car je
« ne suis pas encore monté vers mon père.

« Beaucoup de corps saints reposent encore
« dans ce caveau, comme l'indique la tablette
« placée dans l'église et conçue en ces ter-
« mes : *Dans cette église sont ensevelis sept*
« *corps de saints, de la société de Notre Seigneur*
« *Jésus-Christ. D'abord fut ensevelie la bienheu-*
« *reuse Marie-Magdeleine; ensuite saint Maxi-*

1. *Speciem.*

« min, puis saint Cidoine l'aveugle-né auquel le
« Christ donna la vue; sainte Marcelle qui dit
« au Christ : Heureux le ventre qui t'a porté et
« le sein qui t'a nourri; sainte Suzanne, disciple
« de sainte Marthe, qui, en touchant le vêtement
« du Christ, fut guérie de son infirmité; saint
« Blaise et saint Siffred, qui tous deux furent
« disciples de saint Maximin. Beaucoup d'autres
« corps saints reposent encore dans cette sainte
« église. »

Maintenant, les reliques exposées à la vénération des fidèles sont placées dans le même caveau. On y voit encore le chef et un os du bras de sainte Magdeleine, ainsi que le vase où l'on a placé la sainte ampoule qui contient le sang de Notre Seigneur.

Ces précieux restes ont été sauvés, en 1793, par le dévouement du sous-sacristain Bastide.

L'impression que l'on éprouve en contemplant la face de sainte Magdeleine est indéfinissable. On ne peut se lasser d'admirer cette tête dépouillée de sa chair. Elle est d'une beauté calme et majestueuse qui inspire le respect. On croit voir empreint sur ces traits comme un éclair de la béatitude céleste. La vue de cette vénérable tête et du vase qui contient le sang de Notre Seigneur reporte la pensée du pèlerin aux derniers moments de la vie de l'Homme-Dieu. On voit toutes les scènes du Calvaire se dérouler devant l'esprit, et l'âme se pénètre d'une profonde émotion.

Relativement à la sainte ampoule, nous nous bornerons à reproduire ce que dit Bouche, le célèbre historien de la Provence.

« Cette admirable fiole de verre dans la-
« quelle il y a de la poussière ensanglantée
« du sang de Notre Seigneur Jésus-Christ [1],
« que sainte Magdeleine, à ce qu'on croit,
« ramassa au pied de la croix, et emporta
« avec elle, s'en venant à ce pays. Je dis ad-
« mirable, parce qu'à certains jours de l'an-
« née, comme ceux du vendredy saint, de la
« circoncision et des festes de la Sainte-Croix,
« quand ils arrivent aux jours de vendredy,
« ainsi que disent quelques-uns, l'on y voit,

1. *Chorographie*, Bouche, Ier vol., p. 213.

« sur l'heure de midy, un nuag : un peu rou-
« geâtre, et voit-on quelque peu s'élever, et
« comme en petits bouillons la poussière en-
« sanglantée. Et par-dessus les précédentes
« reliques, quelques inventaires en rappor-
« tent d'autres, savoir : deux chefs des saints
« Innocents, un chef et un bras de sainte
« Société, une des onze mille vierges, et
« beaucoup d'autres toutes enfermées dans
« de diverses châsses, toutes lesquelles y sont
« religieusement montrées et honorées com-
« me aussi bien conservées sous la serrure
« de deux clefs, dont l'une est commise à la
« garde des religieux de ce couvent, et l'au-
« tre à la foy des consuls de cette même
« ville. Et lorsqu'au jour du grand vendredy
« l'on montre publiquement toutes ces reli-
« ques, et surtout cette admirable fiole dont
« nous venons de parler, les consuls font
« mettre quelques habitants de la ville sous
« les armes, pour la garde de ces reliques,
« et pour empêcher qu'il ne fût rien entrepris
« pour les enlever, comme autrefois il est
« arrivé. »

Ces précautions n'étaient que trop justifiées [1]. En effet, en 1358, par crainte des Gascons qui infestaient le pays, les reliques de sainte Magdeleine avaient été transportées de Saint-Maximin à la Sainte-Baume.

Vers 1458, des Marseillais [2] voulurent s'emparer de ces précieux restes, pour les porter dans leur ville. Ils en furent empêchés par des bourgeois et des gentilshommes d'Arles. Aussi, en reconnaissance de ce fait, chaque année, le jour de la fête de saint Maximin, on voyait arriver à Saint-Maximin un capitaine d'Arles. Les consuls lui remettaient les clefs de la ville et défrayaient sa compagnie. Cela dura jusqu'en 1596.

Enfin, en 1505, des religieux italiens voulurent s'emparer des reliques pour les emporter en Italie [3]. Ils furent découverts au moment où ils enlevaient le masque d'or qui couvrait la face de sainte Magdeleine. Ils furent pendus en punition de ce crime.

1. *Chorographie*, Bouche, 2ᵉ vol , p. 379.
2. *Chorographie*, Bouche, 2ᵉ vol., p. 464.
3. *Chorographie*, Bouche, 2ᵉ vol., p. 516.

On voit encore dans la crypte les quatre tombeaux vides de sainte Magdeleine, de saint Maximin, des saints Innocents et de saint Cidoine. Le premier est en albâtre calcaire, les autres sont en marbre jaspé. Ces tombeaux, qui sont ornés de bas-reliefs, sont extrêmement curieux et vraiment dignes de l'étude des archéologues.

Autrefois, l'entrée de ce lieu révéré était interdite aux femmes, et nul ne pouvait y entrer avec des armes.

Cette défense était indiquée par ces vers provençaux inscrits sur la porte :

> Aquest luoc glourioux d'esta confession
> Es de tan gran vertu et de devotion,
> Que nuls Comtes, ny Reys, ny autre principat,
> O sia Duc ou Barons, ou autre Potestat,
> Ame nullas armas tro que sie desarmat,
> Nulla dona qua sia, per niguna santessa
> Per richessa que aya, ni per nalla noblessa,
> Ni petita ni gran, saïns non deou intrar.

Dès que les églises furent rendues au culte catholique, par la volonté ferme du premier consul, une enquête fut ordonnée par l'ar-

chevêque d'Aix pour constater l'authenticité
des reliques de sainte Magdeleine. On les mit
dans une châsse en bois doré, présent pieux
et modeste des habitants de Saint-Maximin.

C'est le dimanche dans l'octave de l'Ascen-
cion, le 20 mai 1860, que les reliques de sainte
Marie-Magdeleine ont été placées solennellement dans la châsse actuelle.

Exécutée en bronze doré par M. Didron, sur
le plan traditionnel de l'ancienne, cette châsse
représente le buste de la sainte, plus grand
que nature, soutenu par quatre anges et sur-
monté d'un riche baldaquin gothique.

Le 8 avril 1860, Mgr l'évêque de Fréjus,
s'adressant aux fidèles de son diocèse, rappe-
lait dans un remarquable mandement l'histoire des reliques de sainte Marie-Magdeleine.
Il annonçait en même temps quel était le jour
fixé pour transférer solennellement le chef de
la sainte pénitente de la châsse ancienne dans
une châsse nouvelle.

Dès l'aube de ce grand jour, la ville de Saint-
Maximin était ornée de verdure, de fleurs et
de saintes bannières. Les autels ne suffisaient

pas aux prêtres empressés d'y célébrer les saints mystères[1].

Un immense concours de pèlerins accourus de toutes parts se pressait dans les rues. On se montrait avec empressement l'archevêque d'Aix, métropolitain de la province ecclésiastique, l'évêque diocésain de Fréjus, les évêques de Marseille, de Gap, de Nîmes, de Nice et de Cérame, l'abbé mitré de la Trappe d'Aiguebelle, l'abbé Deguerry, curé de la paroisse de la Magdeleine à Paris, le père Minjard, et toute une foule de jésuites, d'oblats, de bernardins, de capucins, de bénédictins et de trappistes.

A neuf heures du matin, la cérémonie commence par une imposante procession qui vient se ranger au centre de l'église, autour d'une estrade sur laquelle prennent place les évêques et leurs assistants.

Après la bénédiction de la châsse nouvelle,

1. Ces détails sont empruntés au récit de M. le comte de la Roche-Héron, publiés dans les numéros du journal Le Monde des 26, 27, 28 et 29 mai 1860.

faite par Mgr l'archevêque d'Aix, l'abbé Vian, curé de Saint-Maximin, escorté de son clergé, se rend à la crypte d'où il rapporte l'ancienne châsse qui contient les reliques. Les évêques brisent alors les sceaux ; le masque de verre qui recouvre le visage de Magdeleine est enlevé. L'évêque de Fréjus, prenant avec précaution le chef de la sainte entre ses mains pieuses, l'ôte du reliquaire en bois; et, le présentant à la foule inclinée, la bénit tandis qu'elle chante : *Sancta Maria Magdalena, ora pro nobis.*

Les huit prélats s'approchent successivement et viennent poser leurs lèvres pieuses sur ce front sacré qui porte encore la trace des doigts du Sauveur.

A cette vue, la foule s'émeut, les rangs du clergé ne peuvent la contenir. Chaque fidèle veut faire toucher à la tête de la sainte des médailles, des chapelets, des vêtements. Un jeune novice des frères prêcheurs, gravement malade, se fait porter à son tour sur l'estrade pour embrasser la sainte relique.

Lorsque ces pieux désirs sont satisfaits, les

évêques renferment la tête et le *Noli me tangere* dans le nouveau reliquaire sur lequel ils apposent leurs sceaux.

Alors, du haut de l'estrade, Mgr Jordany, s'adressant au peuple chrétien, glorifie le tombeau de sainte Marie-Magdeleine comme le troisième tombeau du monde; puis il remercie les vénérables évêques de l'éclat que leur présence ajoute à cette fête chrétienne. Il félicite le curé de Saint-Maximin d'avoir si bien préparé cette heureuse journée par un zèle de plusieurs années.

A la grand'messe, Mgr l'archevêque d'Aix officie pontificalement.

Le célèbre restaurateur de l'ordre de Saint-Dominique en France, le père Lacordaire devait parler en ce jour solennel; mais, retenu à Montpellier, où il ressent déjà les atteintes du mal qui doit l'emporter, il ne peut faire entendre sa voix puissante aux fidèles réunis dans cet espoir.

Le soir, après les vêpres, Mgr Plantier, évêque de Nîmes, veut bien suppléer à son absence. Il fait le panégyrique de la sainte dans une

remarquable allocution. Il parle sur le repentir. Après avoir énergiquement flétri l'or-
gueil moderne, qui emploie tous les charmes
de la littérature pour se glorifier de ses chutes
dans des confidences scandaleuses et des
confessions hautaines, il établit que le repentir donne de l'autorité à l'apôtre et de la con-
fiance au pécheur. Enfin, il exhorte tous les
fidèles à vénérer d'une tendre piété la sainte
héroïne de la pénitence.

Bientôt une procession s'avance dans la
ville. La châsse portée tour à tour par les
dominicains et par les prêtres du diocèse est
entourée d'une garde d'honneur armée des
pertuisanes de sainte Magdeleine. Ces halle-
bardes, forgées à Pertuis, petite ville peu
éloignée de Saint-Maximin, armaient autrefois les défenseurs de la Magdeleine quand
ils assistaient à ses fêtes.

La châsse est déposée sur une estrade qui
décore la place centrale de la ville. Les évêques se groupent alentour, et l'archevêque
d'Aix fait entendre sa parole éloquente à la
multitude recueillie qui l'entoure. Puis les

huit évêques donnent ensemble leur bénédiction solennelle à la ville.

Cependant la nuit commence à tomber au
moment du retour de la procession. Toutes les
rues qu'elle parcoure s'illuminent à la fois.
L'église, magnifiquement éclairée, resplendit de l'éclat de mille lumières ; enfin, la bénédiction du Saint-Sacrement termine di-
gnement cette pieuse journée.

Le lendemain matin, tous, prélats, prêtres,
religieux et fidèles se rendent en foule à la
Sainte-Baume. Tous les moyens de transport
du pays sont mis en réquisition. La route est
encombrée de cette foule empressée vers le
lieu de la sainte pénitence.

A Nans, à deux lieues environ de la grotte,
chacun quitte sa monture ou sa voiture pour
faire plus complétement le saint pèlerinage,
en gravissant à pied les rudes chemins de la
montagne. Les uns montent encore, tandis
que d'autres descendent déjà. Cent groupes
divers se reposent échelonnés sur la route.
Quelques-uns écoutent la parole de Dieu an-
noncée par des prêtres tout émus des souve-

nirs palpitants encore de Magdeleine. Au Saint-Pilon, le père Minjard, sur la terrasse de la Sainte-Baume, Mgr Chalandon et le père Corail sont les plus écoutés.

A midi, Mgr Jordany célèbre la messe dans la sainte grotte, puis il s'avance sur la terrasse de la Sainte-Baume et donne la bénédiction du Saint-Sacrement à la foule éparse des pèlerins. Avertis par des détonations de boîtes d'artifices, ils s'empressent de quitter leurs pieuses occupations pour se prosterner sous la bénédiction de leur Dieu.

Pour ne rien omettre de ce pèlerinage, tout le clergé se rend en procession au Saint-Pilon. Les prélats marchent les derniers. L'évêque de Marseille, se défiant de ses forces, suit sur une mule.

Arrivés au Saint-Pilon, les vénérables évêques étendent leurs mains et bénissent la Provence, en implorant la protection de sainte Magdeleine.

Ces deux journées, consacrées à une tendre dévotion, ont laissé un ineffaçable souvenir dans le cœur de tous ceux qui ont participé à ces pieux exercices. Aidé du récit d'un témoin fidèle, nous sommes heureux de répondre aux désirs de deux saints évêques, en essayant d'en perpétuer la mémoire.

VI

LA SAINTE-BAUME

La Sainte-Baume [1], où Magdeleine se retira, est une remarquable caverne, toute vi-
vante encore de son souvenir. On y voit
l'endroit où elle se retirait plus ordinairement
et que l'on appelle le lieu de la sainte Pénitence. On montre encore la fontaine miracu-
leuse que Dieu lui avait accordée. L'eau de
cette fontaine coule goutte à goutte, et tombe
mélancoliquement, en semblant imiter les
larmes de Magdeleine.

Trois autels décorent cette grotte. Le prin-

1. *Baoumo*, caverne, en provençal.

cipal autel donné autrefois, en 1646, par le connétable de Lesdiguières, a depuis été remplacé.

L'intérieur de la caverne est pauvre et décoré sans goût. On est attristé de voir ainsi délaissé l'endroit où vécut si longtemps l'amie de Notre Seigneur, le premier apôtre de la France.

Cette grotte vénérée est située presque au centre d'une montagne aux parois obliques, qui semble s'être déchirée pour offrir à Magdeleine une retraite préparée dans ses flancs par Notre Seigneur lui-même, au moment où il expirait sur la croix.

A ce moment suprême, Jean et la sainte Vierge étaient debout au pied de la croix. Notre Seigneur assurait leur avenir sur cette terre, en s'écriant : « Femme, voilà votre fils. » Mais Magdeleine, désolée et agenouillée, était aussi avec eux ; Notre Seigneur ne pouvait donc pas l'oublier. Aussi, dès ce moment, une retraite lui fut-elle préparée.

Une inscription mise, il y a bien des années, dans la forêt, consacrait le souvenir de ce mi-

racle. On y lisait ces mots : « Ces pierres se
« sont fendues, lorsque les Juifs crucifièrent
« le Christ. »

La grotte est dominée par un petit oratoire
placé au sommet de la montagne, au-dessus
de laquelle sainte Magdeleine en extase était
enlevée par les anges. La piété des fidèles
avait jadis décoré cet endroit d'un pilier [1]
supportant quatre anges qui soutenaient Magdeleine en prière. Le nom de Saint-Pilon lui
en est resté [2].

[1]. *Piéloun*, en provençal.
[2]. Observations physiques, astronomiques et géo-
graphiques du P. Laval, faites sur les montagnes
de la Sainte-Baume, vers le 18 juin 1708.

« Nous fûmes reçus avec toute l'honnêteté pos-
« sible par les RR. PP. Domicains, et ils ont eu la
« bonté de nous la continuer pendant le séjour que
« nous avons fait dans un désert et dans un païs
« fort rude que leurs civilitez et nos occupations
« pouvaient seules rendre supportable. A notre ar-
« rivée, le R. P. supérieur nous donna la clef de la
« chapelle du Saint-Pilon, et nous y montâmes aus-
« sitôt.

« Cette chapelle, qui est sur le haut d'un rocher
« escarpé à plomb, est toute revêtue de marbre,

Aujourd'hui, le pilier n'existe plus ; mais on en trouve un du même genre à gauche;

« avec un ordre d'architecture dorique. Elle a treize
« pieds de long dans œuvre, sur neuf pieds de
« large ; elle reçoit du jour par deux fenêtres qui
« sont dans une petite coupole, au haut de la voûte
« de pierre de taille de Calissane, dont les ogives
« sont sculptées, et par la porte qui est une grille
« de fer fort épais.

« Au-dessus de l'autel de marbre blanc est posée,
« dans une niche de marbre noir, une fort belle
« figure de sainte Magdeleine, soutenue par un
« groupe d'anges, le tout d'un seul bloc de marbre
« blanc fort beau, qui peut avoir six pieds de haut.
« La chapelle est couverte de plomb et a un petit
« vestibule, lequel nous a été fort utile. Dans ce
« poste si élevé, nous plaçâmes aussitôt l'horloge,
« et nous la mîmes en mouvement. Nous montâmes
« le quart de cercle qui avait été porté avec bien
« de la peine et des précautions sur le dos des mu-
« lets, par des précipices et des rochers, la plupart
« de marbre, qui feraient peur si on les regardait
« de trop près. Après avoir disposé nos instruments,
« comme le vent du nord-ouest était frais, et qu'il
« était déjà tard, nous nous contentâmes de recon-
« naître le pays.

« Toute cette montagne est sans aucun arbre ; il
« n'y croît que de la lavande, du thym, du serpolet

en sortant de Saint-Maximin, lorsqu'on se
rend à la Sainte-Baume, C'est là que la sainte

« et autres herbes de bonne odeur. Les montagnes
« inférieures sont pour la plupart couvertes de bois
« de pin, qui croît assez bien sur ces rochers, et
« rend aux propriétaires beaucoup de goudron, si
« nécessaire pour la marine. Nous découvrîmes la
« mer fort au large, depuis l'ouest jusqu'à l'est-sud-
« est, et toute la côte. Du côté de l'est et à l'est-
« nord-est , nous découvrîmes les montagnes de
« Tende et de Barcelonnette; au nord-est, le mont
« Genèvre et autres montagnes du haut Dauphiné;
« vers le nord, les montagnes de Chartreuse. Le
« haut de toutes ces montagnes était couvert de
« neiges. Au nord-ouest, les montagnes des Céven-
« nes et quelques-unes d'Auvergne ; à l'ouest-nord-
« ouest et vers l'ouest, les montagnes de Langue-
« doc et de Carcassonne, et quelques-unes qu'on
« nous dit être des Pyrénées.

« Plus près de nous, nous découvrîmes les mon-
« tagnes de Salon, de Saint-Rémy, le mont Ventoux,
« les montagnes de Leberon le long de la Durance,
« celles de la haute Provence, et, à environ six
« lieues au nord de nous, la montagne de Sainte-
« Victoire ou de Sainte-Venture. Voilà en général
« le païs que nous avons vu du Saint-Pilon. La
« brume, qui était à l'horizon de la mer, et le vent
« très-frais de nord-ouest ne nous permettant pas d'ob-

pénitente vint recevoir la communion avant
d'expirer.

« server la bassesse de l'horizon de la mer, nous des-
« cendîmes à la Sainte-Baume. Cette grotte, élevée
« de plus de cent toises au-dessus d'une petite
« plaine qu'on appelle le Plan-d'Aups, est dans un
« rocher coupé à plomb, qui s'élève par-dessus la
« grotte environ de soixante toises. Il n'y a auprès
« de la grotte, sur cette roche, qu'autant d'es-
« pace qu'il en fallait pour bâtir le couvent des
« RR. PP. Dominicains, et un logis qui paraissent
« collez contre le rocher, et sont tournez au nord et
« au nord-ouest. Au-dessous de ce peu de maisons,
« est un bois de chênes et de hêtres, et autres arbres
« dont on ne voit que les têtes, tant cette forêt est
« basse par rapport à ces bâtiments.

« La vue, depuis l'est-nord-est jusqu'à l'ouest-
« nord-ouest, est à peu près la même que celle
« du Saint-Pilon, mais moins estendue. Le soleil
« qui, vers le solstice et pendant l'été, ne donne
« contre cette roche que de une heure après midi
« jusqu'au soir, ne l'éclaire du tout point depuis le
« 18 octobre jusqu'au 22 février; ce qui fait com-
« prendre qu'elle doit être la fraîcheur de ce lieu
« en esté et le froid en hyver; aussi avons-nous re-
« marqué peu d'oiseaux dans le bois, quoiqu'il soit
« fort vert et fort beau, et qu'il y ait des fontaines
« en deux endroits assez éloignés. »

Mais qui pourra redire le charme du bois de la Sainte-Baume. Placé au pied de la caverne, il met le pèlerin à l'abri des ardeurs du soleil, tandis qu'il gravit vers le lieu de la sainte Pénitence.

Comment exprimer le charme infini qu'on éprouve à se sentir comme perdu dans les petits sentiers de ce bois charmant. Tandis que la Provence, vouée à la sécheresse la plus constante, ne peut offrir aux regards du voyageur que le feuillage triste et grisâtre du pin d'Alep, du chêne-liége et de l'olivier, la forêt de la Sainte-Baume, au contraire, se trouve peuplée des arbres les plus verts et les plus frais. On y voit l'yeuse, l'érable, le tilleul, le hêtre et l'ormeau entrelacer leurs rameaux.

L'entrée de la Sainte-Baume ne voit le soleil qu'une fois chaque année, le 24 *juin*, vers le soir.

La chapelle actuelle du Saint-Pilon, restaurée depuis peu d'années, est loin d'être aussi riche que lorsque le P. Laval vint la visiter; mais la vue n'a pas changé, et la description du Père a toujours la même valeur.

Les pampres et le lierre grimpent le long
des arbres dont les troncs moussus encadrent
de noirs rochers jetés de la manière la plus
pittoresque. Quand le soleil se joue au travers
des feuilles, et fait ressortir jusqu'au moindre
brin d'herbe qui pousse dans le tapis si vert
et si fin de cet endroit délicieux, on se croit
dans quelque séjour béni, et l'on se rappelle
que, par la protection de sainte Magdeleine,
on n'a jamais rencontré dans ce bois ni rep-
tile, ni animal dangereux.

Et cependant, cette forêt si belle encore, et
jadis si renommée pour ses arbres bien épais
et touffus, ne put échapper à la fureur des
vandales modernes. Pendant la Révolution,
un des administrateurs de cette époque fit
abattre les vieux et magnifiques arbres de
cette splendide forêt, sous le prétexte que la
marine avait besoin de bois de construction;
mais une fois les arbres abattus, on s'aperçut
qu'il n'y avait pas de routes pour l'exploita-
tion, et ces bois si précieux pourrirent sur
place. Le temps a heureusement en partie
réparé l'outrage des hommes.

VII

DE LA RÉALITÉ DU SÉJOUR DE SAINTE MAGDELEINE EN PROVENCE

La tradition et la liturgie s'accordent à reconnaître que sainte Marie-Magdeleine a illustré la Provence par trente ans de pénitence. Et cependant, au xvii° siècle, le docteur Launoy voulut révoquer en doute cette croyance catholique. Reprenant la proposition hérétique de Jacques Lefèvre, déjà condamnée, en 1523, par la faculté de théologie de Paris, il affirmait que Marie de Béthanie, sœur de Lazare, et Marie-Magdeleine étaient deux personnes distinctes.

Au moment où elle se produisit, l'opinion

du docteur Launoy fut censurée par l'uni-
versité d'Aix, déclarée impie et scandaleuse,
par arrêt du parlement de Provence en 1644,
et successivement combattue par le R. P.
Guesnay, jésuite, par Pierre Henry, par
Bouche et par Denys de la Sainte-Baume.

Le père Lacordaire, s'élevant contre cette
innovation, dit que « toute division de la
« gloire » de ces deux Marie « est chimé-
« rique, contraire à l'Écriture, au souvenir
« des âges, à la piété des saints, à ce culte
« universel qui nous remet partout, sous les
« yeux et dans l'âme, l'image d'une seule
« femme, en qui s'accomplissent les plus
« touchants mystères de la pénitence et de
« l'amitié. »

L'abbé Faillon, de son côté, en digne his-
toriographe de sainte Magdeleine, prenant
l'une après l'autre chacune des objections du
docteur Launoy, en démontre le peu de fon-
dement.

VIII

De nombreux personnages sont venus tour à tour en pèlerinage visiter la grotte et le tombeau de sainte Magdeleine. Une inscription, placée dans la caverne même de la Sainte-Baume, rappelle les noms de quelques-uns des plus illustres. Elle cite :

Charles II, comte de Provence, en 1279;

Saint Louis, à son retour de Terre sainte;

Jean Ier, en 1362;

Charles VI, en 1399;

Louis XI, encore Dauphin;

Anne de Bretagne, en 1503;

François Ier, en 1516 ;

Henri II, en 1533 ;

Charles IX et Henri III ;

Henri IV, en 1564 ;

Louis XIII, en 1632 ;

Louis XIV, en 1660 ;

Marie-Christine, reine d'Espagne, en 1840.

Mais que de papes, que de princes sont venus aussi ! Sans parler des évêques qui s'y succèdent, rappelons seulement la visite faite, le 7 juin 1864, par le cardinal Donnet, archevêque de Bordeaux.

Le séjour de sainte Marie-Magdeleine était toujours présent à l'esprit des Provençaux pendant les siècles de foi ; aussi, pour en perpétuer le souvenir, Charles III, roi de Sicile et comte de Provence, qui commença de régner en 1480 et mourut en 1481, fit-il frapper sous son règne des pièces d'or auxquelles il donna le nom de *magdalins*. Elles pesaient un denier 6 grains, et avaient encore cours en 1786, pour 4 livres et un sol.

Quelques-uns de ces magdalins représentent sainte Marie-Magdeleine à mi-corps, sans

vêtements, couverte par sa chevelure et la
tête entourée d'une auréole. Elle tient entre
ses deux mains le vase qui renferme les aro-
mates qu'elle répandit sur les pieds de Notre-
Seigneur. Sa tête est droite.

Sur d'autres magdalins, elle est couverte
de vêtements, tient le vase de parfums dans
la main gauche, incline la tête et avance la
main droite.

Au revers de la pièce se trouvent: au centre
la croix de Lorraine, à gauche un K ou un R
couronné, à droite la fleur de lis de Provence
surmontée du lambel, et autour ces mots :
In hoc signo vinces.

On conserve, à la bibliothèque de Marseille,
un magdalin très-rare, à peu près semblable
au précédent. Au revers, il porte un R de chaque côté de la croix, ce qui pourrait signifier
Renatus rex, et ferait alors remonter avant
Charles III l'existence des premiers magdalins.

IX

Kyrie, eleison.
Chiste, eleison.
Christe, audi nos.
Christe, exaudi nos.
Pater de cœlis Deus, miserere nobis.
Fili redemptor mundi Deus, miserere nobis.
Spiritus sancte Deus, miserere nobis.
Sancta Trinitas unus Deus, miserere nobis.
Sancta Maria Magdalena, ora pro nobis.

Exemplum pœnitentiæ, ora pro nobis.

Quæ attulisti alabastrum unguenti, ora pro nobis.

Quæ lacrymis pedes ejus rigasti, ora pro nobis.

Quæ capillis capitis tui eos abstersisti, ora pro nobis.

Diva vestigia osculata, ora pro nobis.

Cui dimissa sunt peccata multa, ora pro nobis.

Ex lebete facta fiala [1], ora pro nobis.

De luto luci reddita, ora pro nobis.

In vas translata gloriæ, ora pro nobis.

Margarita præfulgida, ora pro nobis.

Mundi lampas, ora pro nobis.

Ardore caritatis succensa, ora pro nobis.

Domino gratissima, ora pro nobis.

A Jesu multum dilecta, ora pro nobis.

Quæ optimam partem elegisti, ora pro nobis.

1. « Vous, qui d'un vase sans valeur, avez fait la sainte ampoule. »

Fiala perperam pro *fiola*. — *Fiola* pro *Phiala, Ampulla, nostris fiole*, etc.

Du Cange, *Glossarium ad scriptores.*

Quæ pendenti in cruce Christo fideliter adstitisti, ora pro nobis.

Muliér fortis, ora pro nobis.

Quæ a monumento dominico recedentibus discipulis non recessisti, ora pro nobis.

Quæ Christum resurgentem prima discipulorum videre meruisti, ora pro nobis.

Quæ gloriosæ ejus dexteræ contractu signata fuisti, ora pro nobis.

Apostolorum apostola, ora pro nobis.

Prædicatorum ordinis specialis patrona, ora pro nobis.

Dulcis pœnitentium advocata, ora pro nobis.

Sponsa regis gloriæ, ora pro nobis.

Ut tecum mereamur, o Domina, perfrui felicissima ipsius Dei præsentia.

X

Gaude, pia Magdalena,
Spes salutis vitæ vena,
Lasporum fiducia.

Gaude, dulcis advocata,
Pœnitendi forma data,
Miseris post vitia.

Gaude, felix Deo grata,
Cui dimissa sunt peccata, .
Speciali gratia.

Gaude, lotrix pedum Christi,
A quo tanta meruisti,
Amoris insignia.

Gaude, prima digno frui,
Visu Redemptoris tui,
Surgentis cum gloria.

Gaude, quæ septenis horis,
Es ab antro vecta foris,
Ad cœli fastigia.

Gaude, quæ nunc sublimaris,
Et cum Christo gloriaris,
In cœlesti curia.

Fac nos hic sic pœnitere,
Ut post mortem lucis veræ,
Sortiamur gaudia. Amen.

Antienne. Intercede supplicans assidue pro nobis Jesu Domino, Maria-Magdalena.

Versus. Ora pro nobis, beata Maria-Magdalena.

Resp. Ut digni efficiamur promissionibus Christi.

ORAISON.

Largire nobis, clementissime Pater, ut, sicut beata Maria-Magdalena, Dominum nostrum Jesum Christum super omnia diligendo suorum obtinuit veniam peccatorum; ita nobis apud tuam misericordiam sempiternam impetret beatitudinem, per eumdem Dominum nostrum Jesum Christum qui tecum vivit et regnat in unitate Spiritus Sancti Deus, per omnia sæcula sæculorum. Amen.

Sanctæ Mariæ-Magdalenæ merita, perducant nos ad cœlestia regna. Amen.

FIN.

TABLE

FIN DE LA TABLE.

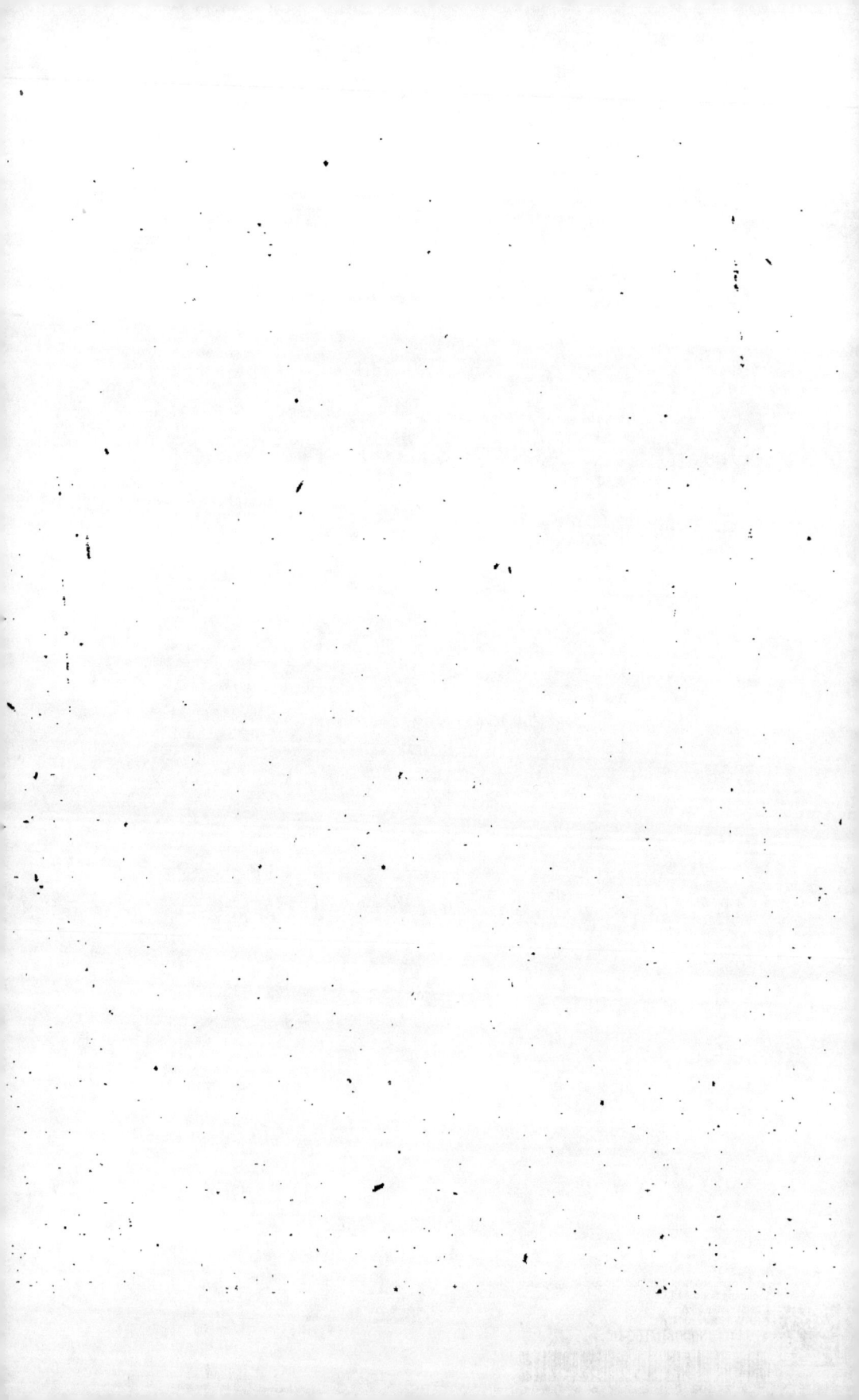

www.ingramcontent.com/pod-product-compliance
Lightning Source LLC
Chambersburg PA
CBHW060638100426
42744CB00008B/1674